NANIMISSUAT
ÎLE-TONNERRE

Doan-Trang,
On espère que tu
auras des moments
relaxe pour ce livre.
On aime à grand
coeur.
Maman
et Daddy

Mémoire d'encrier reconnaît l'aide financière
du Gouvernement du Canada
par l'entremise du Conseil des Arts du Canada,
du Fonds du livre du Canada
et du Gouvernement du Québec
par le Programme de crédit d'impôt pour l'édition
de livres, Gestion Sodec.

Dépôt légal : 2e trimestre 2018

ISBN 978-2-89712-556-1
PS8621.A49N36 2018 C841'.6 C2018-940682-8
PS9621.A49N36 2018

Mise en page : Virginie Turcotte
Couverture : Étienne Bienvenu
Correction de l'innu-aimun : Yvette Mollen

MÉMOIRE D'ENCRIER

1260, rue Bélanger, bur. 201 • Montréal • Québec • H2S 1H9
Tél. : 514 989 1491
info@memoiredencrier.com • www.memoiredencrier.com

Natasha Kanapé Fontaine

NANIMISSUAT
ÎLE-TONNERRE

MÉMOIRE D'ENCRIER

DE LA MÊME AUTEURE

Bleuets et abricots, Montréal, Mémoire d'encrier, 2016.

Kuei, je te salue, Montréal, Écosociété, 2016.

Manifeste Assi, Montréal, Mémoire d'encrier, 2014.

N'entre pas dans mon âme avec tes chaussures, Montréal, Mémoire d'encrier, 2012.

Heart and heaven and spirit
written in a drum's life cycle
and a tribe is an island, forever,
forever we have been an island.

Peter Blue Cloud

PROLOGUE

La mémoire se transmet par le sang. Mémoire écorchée, démembrée, violée. Mémoire effacée de la conscience du peuple. Un grand vide se creuse d'une génération à l'autre. Lorsque le récit n'est pas raconté, il y a privation.

Manque.

Repères. Espoir. Vision. Direction. Avenir.

Un océan opaque. Liquides toxiques. Faire taire cet océan.

Il dérive. Il déraisonne.

La dépendance s'infiltre en nous.

Se défigurer, se confisquer, s'esquiver : fermer le jour.

Je combats à l'extérieur de moi toutes les injustices.

Un jour, j'apprends que je dois m'aimer.

Je découvre les injustices de mère en fille.

Partagées dans l'ignorance et le désespoir. Océans.

Une nuit, dans mon rêve, ma grand-mère s'assoit sur mon lit de cèdre dans la tente et me dit : « Va retrouver ta mère. »

Tshissiupanu, le souvenir remonte à la mémoire.

Je me libère enfin.

Être Innushkueu – femme et humaine –

porter la mémoire de nos aïeules.

Je suis partie

Tombée en pleine mer

J'ai nagé jusqu'à ma mémoire

J'ai bu la mémoire du sang.

Des siècles après

Je suis échouée sur une île

Peuplée par les éclairs, *nanimissuat.*

Au-delà des cycles de violence et de rage, la lumière.

L'île-tonnerre.

J'y suis seule.

L'île est habitée par des esprits et des voix de femmes.

Je donne une sépulture à chacune de mes sœurs perdues.

Ma grand-mère.

J'ai déposé mes prières pour les générations à venir.

Ma mère.

J'ai demandé pardon.

J'ai suivi les éclairs
Accueilli leurs enseignements en mon cœur
J'ai accordé le pardon
J'habite désormais mon île
Mon pays.

Natasha Kanapé Fontaine
Océan Atlantique, 26 février 2018.

À celles qui ne reviennent jamais.
Et à celles qui ne reviennent jamais tout à fait.

JE SUIS L'ÎLE

minishtik[u]

Je n'ai pas été île
Immédiatement
Quand tu es née

Je demande pardon
Morte trop tôt
J'ai abandonné

Au jeu des cartes
J'ai misé ma mort
Je suis devenue célèbre

J'ai appris à ma fille
Le sens de l'errance
J'ai descendu la réserve

Je suis au-delà
Celle qu'on traverse
À la nage

Et par qui
On atteint
La lumière.

JE SUIS TROIS FEMMES EN UNE

Nous sommes mortes
Ensevelies
Sous des pluies diluviennes
De migrantes
D'assassinées
Disparues

Nous sommes nées
Corps ivres
Échouées sur les rivages
Couches en eau douce

Une nuit dérive
Sans lune ni étoile
Une presque fête
A permis aux rescapées
Nous seules
De trouver en leur œil gauche

La rédemption.

shakassineu tipishkau-pishim^{u}

Nous sommes le chant inespéré
Des commères
Corneilles des cavités
Des ondes

Nous avons avalé les Rocheuses
Brûlé la courbe du néant
Avec l'horizon rose

Un bûcher
Sous nos robes
Où nous submergeons
Les agressions
Les assauts

Nous sommes par où
Passent les morts.

Nous sommes les épouses du grand arbre
L'aube danse
Nous n'avons de mort pour les morts
Nous n'avons de vie pour les vivants
Nous n'avons que l'élixir
De la haute vision

Si vous ne savez vivre
Vous devrez mourir
Si vous ne savez mourir
Vous devrez vous enchaîner
Au cœur de la grâce.

shiuapui

Nous sommes de tous les continents
Statues de pierre et de sable
Les eaux nous émergent
Apportent les corps dénudés
Parmi les courants froids

Vers le grand déluge
Nos itinéraires

Que nous saurons boire
À même la bouteille.

Vous êtes des milliers
À marcher sur les mers

Allez et revenez

Procréer
Avec le ciel
La prochaine terre
À donner aux sans-pays

Une planète entière
Où nous serons
Réfugiées.

Un défilé de mortes
Danse l'agonie

Corps ballottants
Canots à-demi-en-vie
Chaque coup de pagaie
Est une injure
Au courant
Chaque coup de pied
Un honneur
Au ciel incarnat

Nous avançons
Sans mocassins
Orteils
Ensanglantés

Nous avançons
Nues
Pour le passage

Nous avançons
Sans atteindre l'aurore.

shakassineu tipishkau-pishim^{u}

Nous sommes infinies

Nous traversons le cristal
Les ères de glace de cassure
Les diamants et les améthystes

Peaux et plumes d'oiseaux cousues
Avec vos os et vos opales
Le lazuli de vos mâchoires est
Notre prédilection

Nous sommes venues du matin
Avec l'odeur de nos plaies.

JE SUIS LA GRAND-MÈRE

ishpanakau

Ma terre
N'a jamais voulu
De moi

Je bois
Je la bois
Je me vois
Vomir

Bombe atomique
Mon sang
Se répand

Ma terre ne veut jamais de moi

J'avance, elle s'éloigne
Je recule, elle s'étend.

Je me soûle à la source
Des ouragans

Les îles se noient
Les îles se dénudent

Je ne respire pas

Mon cou se casse
Mes genoux tombent

L'asile s'abreuve
Au torrent
De nos corps empilés.

Je bois
J'avale l'orage
Apaisement

Ce qui devait venir
N'est pas venu.

Je n'ai pas pu
Retracer la route

Je perds pied
Les tempêtes

Mes empreintes
Sur la grève s'envolent

Petit vent
À la tombée du soleil

Une ombre me veille.

shakassineu tipishkau-pishim[u]

Je n'ai d'autre esprit
Que ce tronc d'arbre
Tombé

Un cri de corbeau.

makanakau

Je marche
J'ouvre
Mes pieds
Sur les morceaux de verre

Jour de pluie.

Je mâche des branches
Une par une

Espérer
Qu'on me repère
Ici

Je confectionne des vêtements
Et un lit pour
Celles qui viennent

Je mastique la peau gluante
De l'animal pendu

Tenir l'avenir
Entre mes dents.

JE SUIS LA MÈRE

Sous tes ongles
Grains de sable
Il y a l'asphyxie
Il y a toi

Les animaux traversent
Les océans à la nage

Territoires occupés
Utopies liquides.

Je jette mes pieds
À la vague qui les dévore
Ma peau asséchée
Digérée par les corbeaux

Les algues recouvriront
Nos dépouilles
Au lendemain de la houle.

pakuau

Je jette les poupées
Les tables de réception
Les voitures

Tu ris de l'autre côté
Avec tes démons
Tes quilles 1.5 litre
Et ta jeunesse
Fuites
Fumées

Nos cyclones
Nous les multiplions
Morceaux des armoires
Des garde-mangers

Inondations
Lamentations
Communes.

Les enfants plongent dans le sable
Et récoltent les fruits
Leur mère

Les enfants construisent des châteaux
Et des villes universelles

Tissent des histoires
À treize mains

Filaments de
Vêtements à rabais.

shakassineu tipishkau-pishim^{u}

Je suis celle par qui on trouve la joie
Je n'ai pas de bataille vide
Féroces et ensanglantées
Sont mes revendications

Mon visage a avalé son visage
Mes cheveux en flammes
Ma tenue Percé
Par les rochers des mers
Je suis un bateau à moi-même
Je perds les paniers de fruits
Sous les robes des tempêtes.

Boiter jusqu'au lever

Les enfants s'éveillent
Le plus grand des astres
A chuchoté à leur oreille
Le secret des mélodies
Et des oisillons

Les étoiles s'échappent
Des fenêtres.

JE SUIS LA FILLE

minishtikuss

Assoiffée

Je creuse la boue
Je titube les rues
Je bois le feu le soleil
Le rivage peuple mon corps

Il est à moi le monde

Je ne sais pas parler aux étrangères
Qui m'habitent.

À moi
Les galaxies
Les systèmes solaires

La pluie sur l'épaule
La goutte sur le cheveu

L'eau sur les lèvres

Un verre
Prison
Y verser le ciel.

La montée des eaux
La chute des eaux
La danse des eaux

Je bois
De mère en fille
Nous n'avons pu enclencher
La finale des tornades.

Le vent
Abat le littoral.

J'arrive

À mon silence
À mon ventre vide
À ma carcasse

Échouée sur le sable
Les rochers sur les lèvres.

ishkuanakau

shakassineu tipishkau-pishimu

Toi et moi

L'abîme
Ne descend pas
Au ventre de la terre

Goûte à la suie
Des parois usées de
Mon corps envenimé

Tracés de larves
En partance vers
Les mines d'or
Nourrir la bête

Ouvre l'œil.

Une cave
Deux âmes

Se boivent
Se salivent
Se sucent
Se dégustent
Et s'engouffrent
Au fond des océans.

Caverne habitée

Lignes
Présages
Spirales

Les tracés
Par où sont venus
Les chasseurs

Arrivées
Départs

Je me cache.

Chambre d'hôtes
Lit flottant
Bain rhum épices

Les coffres
Au fond de la coque

Nauséabonde
Abondance.

Je connais
Le chemin des astres

Tant de colliers et de perles
À donner
De millénaires à bercer

Sur nos bras et sur nos os

Les pléiades
Les petites ourses
Couleurs et musique.

tatshikamapui

Des cris
En guise de pierres

Bourdonnent
Des idées de guerres
De conflits animés

Nous nous abreuvons
À nos mères trop jeunes
Qui ne rentrent pas la nuit

Seule
Mon île regorge
De constellations.

Petites ombres
Passent
Fuyantes
Ferventes

Lumières
Jours et nuits
Accumulés entre les racines

De nos cheveux.

shakassineu tipishkau-pishim^u

Mes voix se sont tues
Après tant d'années de siège

Je ne sais
Si je perds l'ouïe
Ou la vision.

Je mets
Un pouce
Dans mon œil droit
Les ongles longs
Au cas où
On m'emporterait
Trop loin

Une erreur
De vision
De distance.

Un canot
Glisse sur les océans
Sur le dos
D'un continent à un autre
Les yeux au ciel
Au-delà des rivages
Sables mouvants
Où mains et jambes
S'abîment.

tshishkueienitakuan

Je suis celle que l'on aime
Pendant l'orgie
Les corps tombent sur mon corps
Les bouches salivent ma bouche
Et les seins naviguent mes seins
Droite dans l'aube
Je n'ai pas oublié
Le goût des lèvres

Aucun empereur n'a la main sur moi
Un subalterne aura du riz
À poser dans mon nombril
Mes entrailles porteront des fils illégitimes
Et donneront naissance à des champs de maïs
Pour nourrir mon peuple.

Je me lève
Je danse
Les grains de sable sont mes amis
Les coquillages sont mes colliers
La source ma source
De joie
Le chant des vagues
Ma musique
Mes tambours
Les algues
Mes robes du soir

Et d'euphorie
Et de cris
La lumière
Est ma porte
De sortie.

Je ne sais
Si le bruit
Fait un son
Ou si le silence
Fait un bruit
Je ne sais
Si on peut manger
Les oiseaux

Silence
Tant d’années

Assiégées.

Ici
Les élans ne touchent pas
Au rivage

La pluie
Ne nourrit pas les caribous

Assoiffée
Je cours
En tirant la langue
Vers le ciel.

shakassineu tipishkau-pishim[u]

Un coup d'eau
Je glisse
Un coup de bois
Je m'enfonce

Un miroir d'eau
Me renvoie mon visage
Me tire les cils
Me pille le regard

Je bois la mer
Pour respirer.

uteuapui

Je n'ai de bataille
Que celle des
Cinq cents ans

Mon île
Ne meurt pas
Mon île
Boit un coup avec moi
Toutes les nuits
Sans lune
Sans respiration
Entre deux avancées
En eau froide.

JE SUIS MA GRAND-MÈRE

Un poème appelle
Au morcellement
Des écritures

Un poème appelle
Au détriment
Des morsures

Un poème appelle
À la trahison

Des altitudes.

Bois à la source du tonnerre
Mon indicible rechute.

Je suis la vierge perfidie
Femme entre toutes les femmes
Vos prières je les porterai à mon cou
J'ai mangé mon fils et bu son sang
Je suis jeune je suis vieille
J'habite la terre
J'allaite tous les hommes
Éternellement pleine
Éternellement saine.

tshimunapui

Je suis l'épouse infertile
Tombent les herbes du pays
Poussent les forêts sur ma tête
Elles ne seront pas
De la bonne couleur
Ma langue a le secret
Des vers

Terre anéantie par la pluie
Millions de racines

Larges tubercules.

Je suis j'ai appris
À nettoyer le sang
Avec le fort l'alcool

À noyer les papiers
À signer des lettres
À la mort

Si l'amour ne meurt pas
Jusqu'à
Ce que nous parviennent

Les enfants de la mer
Île-tonnerre.

shakassineu tipishkau-pishimu

Au fond des caves
Des chambres froides
Des corridors trop longs
Les orteils des enfants
Courent
Cherchent l'issue
Vers la vie
Dansent la nuit
Vers la lumière

Toi
Moi
Elle
Toutes trois
Suspendues
Au temps

Combattre
Que nous puissions
Faire fondre nos chaînes
À force de friction

Maintenant.

Gouttes salines
Le voyage y trouve ses astres

Déluge
Submerge le battement
De mon aile.

Une grotte
M'ouvre ses bras
Je m'y allonge
Gouttes d'eau
Sur mes seins

Une lueur
Dehors annonce
L'arrivée
Des oiseaux-tonnerres.

ashteiakamu

Déluge
Tout pleut
Les océans
Les mers
Les ruisseaux
Les continents
Les routes
Les volcans
Pessamit
Port-au-Prince
Montréal
Déluge

Exil.

Et tout
Explose

Tes mains
Bateaux

Où je dépose
Les fruits

Sous le tonnerre
Sacrifice

Et feu.

JE SUIS MA MÈRE

La plus lente
Respiration
Étendue
Flotte sur les vagues sinueuses

Épouse le large.

Je suis celle que l'on aime d'amour
Je crie je pleure
J'ai planté mes pieds sur les routes
Le peuple ne pourra pas dire
Je suis perdue
J'ai dansé mille lieux dans les cieux
Mes orteils sont parsemés d'épines
Mon sein pleure la bouche des autres.

mussitshuanapui

shakassineu tipishkau-pishim^{u}

Nuit bleue
Nuit belle
Mon souffle s’est arrêté
Sur la rampe
D’un lit de métal

Sous le voile
D’une absence de lune
Je rends le dernier
Des derniers
Moments de solitude

Le pardon est en guerre
Le pardon dépose les armes
Sur ma poitrine.

Je saute
Traverser les mers
Trembler la terre
Crier : Agwë !
Qu'il me réponde
Tshishikushkueu !

Esprit !
Ramène sur ton grand
Bateau de bois
Les restes
Loin de moi
Ma vie passée

Rappelle-moi
Je sais parler.

Des algues contournent mes pas
Recouvrent mes empreintes

Le passage
Des pieuvres animées
Par le pouls de la mer.

Mes mamelons flottent
Au-dessus des mers
Ma jambe toujours patauge
Dans une mare visqueuse
La fonte des peaux

Tu appelles la mort
Tu cherches la brèche
Entre les pylônes
Et les océans de plastique

Ta bouche
Accueille les nouveaux venus

Le récit redit
Et repeint
Nos cavernes regorgent
Des complaintes
De gorges
De femmes endeuillées.

J'étends
Au rocher le plus plat
Mes lambeaux de peaux
Les sèche à la lune

Demain j'aurai
Quelque chose
À porter.

minishtikuakamau

JE SUIS MOI

J'arrive

Je ne suis
Que d'eau

De peau.

shakassineu tipishkau-pishim^{u}

J'allume les feux

La nuit
Ma mère ma grand-mère
Sont mes sœurs
Un pacte de lumière
Nous lie
La peau
Fondue sur nos coudes

Les grandes brûlées
N'ont rien à voir

Aux conflits
Des continents.

Ma grand-mère
Est ronde

Grise avec des lueurs
Bleues

Elle est belle
De tout son passé
Et sa vie nouvelle

Ma mère
Est étendue

Elle se courbe
Lorsque le ciel approche
Pour épouser
Son corps.

Fracture

Après le déluge

La terre a aspiré
Les litres de trop

Le soleil a submergé
Notre mémoire

Nos yeux
D'une eau douce.

whenua

Terre

Quelqu'un vient
Je n'entends plus les mots
Deux cents ans
Peut-être des milliers
Depuis
J'ai perdu la vue

Mouvement de mousse et d'algues
Cailloux éparpillés sur toute la côte

Un visage illumine la surface
De ma vision.

J'accoste
Île-tonnerre

Je n'ai de pagaie
Que la course frivole
Des saumons
Des anguilles.

shakassineu tipishkau-pishim[u]

Un éclat
Déchire la carte du ciel

D'un côté
Les nôtres

De l'autre
Nos ancêtres

Un oiseau
Géant

Lance le cri

Éclaire ton visage.

Teotihuacan

Nous fabriquons les objets
Pour notre cérémonie

La danse du soleil
Et de la lune

Pyramides

Marchent le sable et l'éclair
Tremblons à leur passage

Nous sommes des milliers
À grimper les siècles

Nous sommes deux
À extraire la mémoire

De nos profondeurs.

De montagne
En montagne
Mon continent
Tu marches
À la vitesse
De la lumière
Ma racine

Les baleines voyagent
Portées par le courant

Donnant naissance
À elles-mêmes.

shakassineu tipishkau-pishim^{u}

Je nage
Dans les eaux purifiées
Par les ouragans

Je suis la femme
Aux anguilles
Je vous avais caché mon visage

Je nage
Avec mes sœurs les lamproies
Et mes mères les tortues
Mes filles caouanes se sont
Dispersées
De par les mers

Vous les reconnaîtrez
À leur cri.

Je suis arrivée
Je t'ai trouvé

Tu dors
D'un sommeil agité
À l'autre bout de
L'île

Je longe les siècles
En perlant
L'océan
À mes pieds

Je te dirai
À ton réveil
Où nous avions caché
Les cités d'or

Les redécouvrir
En jouir
Au jour promis
Ensemble.

Flots au ventre

Les abysses gardent les secrets
Des grands-mères
Lumières
Où nous sommes invités

Jouer du tambour
Déceler la route.

Ici
Pleuvent
Des voyages
Sous ton corps-torrent
Les joyaux des anciens temps
Je t'ai dit mon nom

Tu traverseras les mers

Étoiles sur ta peau.

Promesses
De rires de soleil

Ta langue est ici
Et je jouis

Les siècles ont passé
Des rides amassées au fil du temps

Nous nous étendons
Sur les continents
À nous embrasser
À nous caresser
À nous échouer
Aux rivages

Des éclairs.

shakassineu tipishkau-pishim^{u}

L'apocalypse viendra
Mes lèvres auront atteint
Ta bouche

D'où s'écoule l'eau
De nos montagnes

L'île-tonnerre tremble
La planète et les astres
Les ouragans galopent
Les orages cavalent

Les heures n'existent pas

Ni distance
Ni apitoiement.

Nous sommes l'expatriation

Nous traversons les ouragans
Nous survolons la montée des eaux
Nous nous abreuvons
Aux pluies scintillantes
Des tempêtes
Nous embrassons
Le sein de nos mères
Pour l'honneur de nos peuples
Aux quatre portes

Hissant la trajectoire
De nos ancêtres.

Un bijou
Taillé des rochers
Des îles
Repose sur la plage

Entre deux grains de sable
Et du bois usé
Par le sel.

Astres
Nous sommes
D'eau
Et de tambours
D'eau

Au creux des abysses
Nos enfants ont des moustaches lumineuses
Des yeux grands
Ouverts sur la noirceur
Ils nagent
Où recommence
Le récit du monde

Où les mères
Toutes les mères
Réécrivent l'histoire.

Ô Terre
Île-tonnerre
Mon sein est ton volcan

Où ma soif
Se tait

Où ma lignée
Boit
Sa vitalité.

TABLE DES POÈMES

DANS LA COLLECTION POÉSIE

Davertige, *Anthologie secrète*
Hédi Bouraoui, *Struga* suivi de *Margelle d'un festival*
Georges Castera, Lyonel Trouillot et *al.*, *Anthologie de la littérature haïtienne. Un siècle de poésie. 1901-2001.*
Anthony Lespès, *Les clefs de la lumière*
Léon Laleau, *Musique nègre*
Laure Morali, *La terre cet animal*
Yanick Jean, *La fidélité non plus*
Jacques Roumain, *Bois d'ébène* suivi de *Madrid*
Roussan Camille, *Assaut à la nuit*
Alain Mabanckou, *Tant que les arbres s'enracineront dans la terre* précédé de *Lettre ouverte à ceux qui tuent la poésie*
Raymond Chassagne, *Carnet de bord*
Franz Benjamin, *Dits d'errance*
Joubert Satyre, *Coup de poing au soleil*
Khireddine Mourad, *Chant à l'Indien*
Rodney Saint-Éloi, *J'ai un arbre dans ma pirogue*
Roger Dorsinville, *Pour célébrer la terre* suivi de *Poétique de l'exil*
Carl Brouard, *Anthologie secrète*
Louis-Philippe Dalembert, *Poème pour accompagner l'absence*
Willems Édouard, *Plaies intérimaires*

Serge Lamothe, *Tu n'as que ce sang*
Gary Klang, *Il est grand temps de rallumer les étoiles*
Valérie Thibault, *La déroutée*
Georges Castera, *Bow !*
Anthony Phelps, *Mon pays que voici*
Gérald Bloncourt, *Dialogue au bout des vagues*
Frankétienne, *Anthologie secrète*
Mona Latif-Ghattas, *Les chants modernes au bien-aimé*
Ida Faubert, *Anthologie secrète*
Roger Toumson, *Estuaires*
Ernest Pépin, *Dit de la roche gravée*
Max Jeanne, *Phare à palabres. Poéreportage*
Marie-Célie Agnant, *Et puis parfois quelquefois...*
Joséphine Bacon, *Bâtons à message · Tshissinuatshitakana*
Gary Klang, *Toute terre est prison*
Makenzy Orcel, *À l'aube des traversées et autres poèmes*
Louis-Michel Lemonde, *Tombeau de Pauline Julien*
Franz Benjamin, *Vingt-quatre heures dans la vie d'une nuit*
Louis-Karl Picard-Sioui, *Au pied de mon orgueil*
Ouanessa Younsi, *Prendre langue*
Rodney Saint-Éloi, *Récitatif au pays des ombres*
Michel X Côté, *La cafétéria du Pentagone*
Georges Castera, *Les cinq lettres*
Gary Klang, *Ex-île*

Georges Castera, *Gout pa gout*
Raymond Chassagne, *Éloge du paladin*
Violaine Forest, *Magnificat*
Natasha Kanapé Fontaine, *N'entre pas dans mon âme avec tes chaussures*
Magloire Saint-Aude, *Anthologie secrète*
Jean Désy, *Chez les ours*
James Noël, *Le pyromane adolescent*
Hyam Yared, *Esthétique de la prédation*
Kamau Brathwaite (trad. Christine Pagnoulle), *RêvHaïti*
Rodney Saint-Éloi, *Jacques Roche, je t'écris cette lettre*
Sébastien Doubinsky, *Pakèt Kongo*
Joséphine Bacon, *Un thé dans la toundra · Nipishapui nete mushuat*
Abdourahman A. Waberi, *Les nomades, mes frères, vont boire à la grande ourse*
Louis-Karl Picard-Sioui, *Les grandes absences*
Ouanessa Younsi, *Emprunter aux oiseaux*
Natasha Kanapé Fontaine, *Manifeste Assi*
Jean Morisset, *Chant pour Haïti, Poèmes en transhumance demandant grâce pour leur existence*
Laure Morali, *Orange sanguine*
Jackie Kay (trad. Caroline Ziane), *Carnets d'adoption*
Jean-Claude Charles, *Négociations*
Jean Sioui, *Mon couteau croche*

Samian, *La plume d'aigle*
Jean Désy et Normand Génois, *Bras-du-Nord*
Rodney Saint-Éloi, *Je suis la fille du baobab brûlé*
Hyam Yared, *Naître si mourir*
Julien Delmaire, *Rose-Pirogue*
Isabelle Duval · Ouanessa Younsi (dir.), *Femmes rapaillées*
Natasha Kanapé Fontaine, *Bleuets et abricots*
Alain Mabanckou, *Congo*
Pierre Emmanuel, *Poèmes de la Résistance*
Rita Joe, *Nous sommes les rêveurs*
Serge Lamothe, *Ma terre est un fond d'océan*
Flavia Garcia, *Partir ou mourir un peu plus loin*
Chloé LaDuchesse, *Furies*
Katherena Vermette (trad. Hélène Lépine), *Ballades d'amour du North End*
Marc Alexandre Oho Bambe, *De terre, de mer, d'amour et de feu*
Virginia Pésémapéo Bordeleau, *De rouge et de blanc*
Makenzy Orcel, *Le chant des collines*
Jean Désy, *Chorbacks*
Ocean Vuong (trad. Marc Charron), *Ciel de nuit blessé par balles*
Elkahna Talbi, *Moi, figuier sous la neige*
Seymour Mayne (trad. Caroline Lavoie), *Chant de Moïse*

L'OUVRAGE *NANIMISSUAT • ÎLE-TONNERRE*
DE NATASHA KANAPÉ FONTAINE
EST COMPOSÉ EN ARNO PRO CORPS 11,5/13.

IL EST IMPRIMÉ SUR DU PAPIER ENVIRO
CONTENANT 100 %
DE FIBRES RECYCLÉES POSTCONSOMMATION,
TRAITÉ SANS CHLORE, ACCRÉDITÉ ÉCO-LOGO
ET FAIT À PARTIR DE BIOGAZ
EN MARS 2018
AU QUÉBEC (CANADA)
PAR MARQUIS IMPRIMEUR INC.
POUR LE COMPTE DES ÉDITIONS MÉMOIRE D'ENCRIER INC.